# Music Bells (Tone Chimes, English Hand Bells)
## Bell & Piano Ensemble Selections

ベルとピアノ・アンサンブル・セレクション

森のトントゥ達／秋・冬 編

Arr.by FUJIE SUGATA
編曲：菅田 富士江

サーベル社

# まえがき

ベルの響きは
一瞬のうちにその場の空気を変える不思議な「音」です。
その音色に魅せられて、ベルあんさんぶる"森のトントゥ達"とともに
「クリスマスに、ベルの音届けたい！(隊!)」となって演奏活動をしてきました。


時に、ベルの音は"祈り"、ベルの音は"叫び"、ベルの音は"喜び"、
そして私達がつい、忘れてしまっていた何かを
気づかせてくれる"サイン（音)"のような気がしてなりません。
もしかしたらその響きは、遠くの空まで届いているのかもしれない…と思ってしまいます。
そんな思いでこれまで演奏してきた曲の中から、ベルのサウンドにあう曲を選び、
全2巻 [春・夏編]、[秋・冬編]のアルバムとしてまとめることが出来ました。


本書は[秋・冬編]で、ミュージックベル(27音)で演奏出来るようアレンジしましたが、
イングリッシュハンドベル、トーンチャイムでも演奏できます。
主にベルとピアノのアンサンブルのアレンジになっています。


世代をこえて多くの方々に、それぞれの思いをこめて演奏していただけたら、
とてもとても嬉しいです。


出版にあたり
サーベル社、ベルあんさんぶる「森のトントゥ達」のメンバー、
「森のトントゥ達」をあたたかく見守って下さっている方々に
深く感謝申し上げます。


2012年 12月
菅田富士江


注：本書には"ＣＤ付"のものと"ＣＤ無しの本のみ"の2種類あります。
お買い求めにあたっては、予めご注意ください。
なお、ＣＤについては最終頁をご参照ください。

# CONTENTS
（目　次）

from 4 Little Dream Songs（「4つの小さな夢の歌」より）…Takashi Yoshimatsu

**Autumn : Dream Songs In November** ……………………………………… 4
秋：11月の夢の歌 （解説：12）

**Winter : Lullaby**...*I hope the world is here tomorrow too*... ……………… 14
冬：子守歌 （解説：22）

**Silver Bells** ………………………………… J.Livingston & R.Evans ………… 24
シルバーベル （解説：33）

**O Tannenbaum** …………………………………… anon …………… 34
樅の木 （解説：38）

**Let's Ring Bells!** ………………………………… Toru Ishii …………… 39
鐘をならそう （解説：46）

**Look Up Stars At Night** ……………………… Taku Izumi …………… 48
見上げてごらん夜の星を （解説：56）

**Celtic Fantasy** ……………………………… Fumio Yasuda ……………… 58
ケルトファンタジー （解説：67）

**Finlandia-Hymni** ……………………………… Jean Sibelius ……………… 68
フィンランディア讃歌 （解説：69）

---

## ～本書の使い方～

＊この曲集はミュージックベル 27 音（F～G）で演奏できるよう書かれていますが、曲によっては、音域がせまくても演奏可能です。（各曲の使用ベル音域を参照してください。）
また、**イングリッシュハンドベルやトーンチャイムにも使用出来ます。**

＊主に、ベルとピアノのアンサンブルのアレンジになっています。ピアノは伴奏にとどまらず、ベルとピアノが互いに主役になったり背景になったりして『音楽』をつくっていくと素敵なアンサンブルになると思います。

＊幼児からシニアまで、また、初心者から中・上級レベルの方まで、世代、経験をこえて多くの方々に演奏していただきたく、一つの曲に対し、**難易度を変えた二種類、Bell Part Ⅰ（やさしいバージョン）と、Bell Part Ⅱ（より演奏効果のあるバージョン）**を用意しました。
また、例えばメロディーラインのみの演奏でも、ピアノと合わせることで素敵に響くアンサンブルが可能です。

＊ベルのみでの演奏の曲や、歌とのコラボレーションのできる曲も入っています。

＊参考までに、ベルの振り分け、人数も一例として記しましたが、こちらは演奏者の人数、個人の能力に応じてより演奏しやすいよう工夫してみてください。

＊各曲に「演奏のヒント…」を記載いたしましたので参考にしていただければと思います。

# Bell Part I

## from 4 Little Dream Songs
## Autumn : Dream Song In November

秋：11月の夢の歌／「4つの小さな夢の歌」より

Music by Takashi Yoshimatsu
吉松 隆

# Bell Part II

from 4 Little Dream Songs
## Autumn : Dream Song In November

秋：11月の夢の歌／「4つの小さな夢の歌」より

Music by Takashi Yoshimatsu
吉松 隆

# from 4 Little Dream Songs
「4つの小さな夢の歌」より

日本を代表する作曲家・吉松隆氏の「夢」に因んだ4曲からなるミニ版「四季」。
ピアノ小品やラジオ番組、舞台音楽のために書かれた作品で、とても愛らしく美しい曲です。
ギター版、ハーモニカとピアノ版、ピアノソロ版、ピアノ連弾版、マリンバとピアノ版、お琴版、…etc とさまざまな楽器で演奏されています。
ベルで演奏したら、きっとタイトルの「小さな夢の歌」にぴったりなような…。
幼い頃、大切にしていた宝石箱のふたをあけては嬉しくて、しばらく眺め、またそっと…しまったりして…そんな遠い日の心地よい思い出が浮かび上がってくるような曲に思えてなりません。
2012年TVの大河ドラマの挿入曲としても、印象的な場面で流れていました。

♪演奏のヒント…　＜秋：11月の夢の歌＞
＊ちょっぴりもの寂しい晩秋の雰囲気を「音」にしたかのような美しい旋律です。
　$\frac{6}{8}$拍子のゆらぎを感じて演奏してください。
＊Dの部分をトレモロ奏でレガートに演奏してみてもよいと思います。

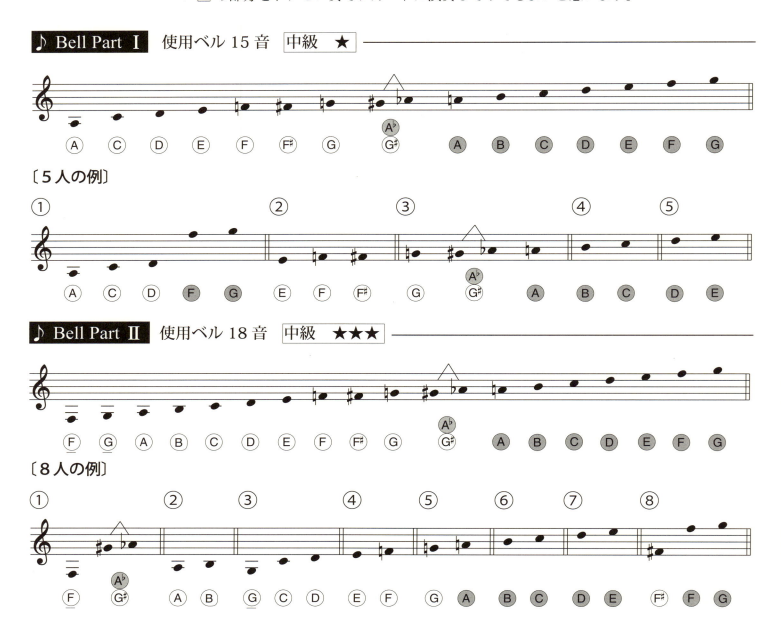

### コラム：〜"トントゥ"って？〜

"トントゥ"とは、北欧フィンランドに住んでいるサンタクロースのおつかいをする
幸せを運ぶ妖精（小人）のことです。
トントゥは美しい森の中や、家のいたるところに住んでいて、
守り神のような存在として言い伝えられています。
それぞれが役割を持って働いています。
ちょっぴりいたずら好き！
とっても働き者の妖精トントゥのトレードマークは
赤いとんがり帽子に赤い服！

フィンランドの深い森の中にいると、
**トントゥの気配を感じることが…**

# Bell Part II

from 4 Little Dream Songs
## Winter : Lullaby...I hope the world is here tomorrow too...
冬：子守歌／「４つの小さな夢の歌」より

Music by Takashi Yoshimatsu
吉松 隆

# from 4 Little Dream Songs
「4つの小さな夢の歌」より

日本を代表する作曲家・吉松隆氏の「夢」に因んだ4曲からなるミニ版「四季」。
ピアノ小品やラジオ番組、舞台音楽のために書かれた作品で、とても愛らしく美しい曲です。
ギター版、ハーモニカとピアノ版、ピアノソロ版、ピアノ連弾版、マリンバとピアノ版、お琴版、…etc とさまざまな楽器で演奏されています。
ベルで演奏したら、きっとタイトルの「小さな夢の歌」にぴったりなような…。
幼い頃、大切にしていた宝石箱のふたをあけては嬉しくて、しばらく眺め、またそっと…しまったりして…そんな遠い日の心地よい思い出が浮かび上がってくるような曲に思えてなりません。
2012年TVの大河ドラマの挿入曲としても、印象的な場面で流れていました。

♪演奏のヒント… ＜冬：子守唄＞
* どこか懐かしいメロディーが繰り返されます。C D の部分をトレモロ奏でレガートに演奏されると表情もかわり効果大です。（ハーモニーの部分をすべてトレモロにすると、音がぶつかってしまうので、メロディー＋ハーモニーから1～2音を足して演奏してみる…等、工夫してみてください。）
* ピアノパート A B はオルゴールの音色とか、氷が「カリン…」とかけたりする音をイメージして演奏されたら素敵に響くと思います。

### コラム：～トントゥの国のクリスマスは？～

クリスマスの準備は11月後半くらいからはじまります。
大掃除をして、窓に飾りつけして、ろうそくを灯し、ツリーの飾りつけ…。
この時期、太陽が顔を見せてくれる時間が短くなるので
窓からもれてくる"光"はよりあたたかく感じ、
大切であり、とても美しいです。
子供達はアドベントカレンダーをあけるのを毎日楽しみにしています。
大人達はピックヨウル（小さなクリスマス）のパーティーをしたり、
カードやプレゼントの用意をしたり忙しく
街中クリスマス一色！
でも派手なイルミネーションや、お祭り騒ぎなどはごくシンプル…

そして24日イブの日は家族で過ごします。
イブは街のほとんどのお店が閉まってしまい、夕方になると交通機関も止まったり、
街中がしーんと静寂につつまれていきます。
サウナに入って身をきよめて、一家そろって先祖のお墓参りをして、
それからテーブルを囲む家庭もあるといいます。
教会のミサに出かける家庭もあるでしょう。
そして、テーブルにどんなごちそうが並ぶのか？というと、
大きな豚肉のかたまりを焼いたヨウルキンク（クリスマスハム）や
にしんの酢漬け、牛乳の入ったあまいおかゆ、ジンジャークッキーetc。

**もちろん！サンタクロースの登場も！**

"大切なもの"に時間をたっぷりかけて、"待つこと"を楽しみ、
そして"余韻"までも充分に味わう…

**とても素敵！です。**

# Bell Part I — Silver Bells
シルバーベル

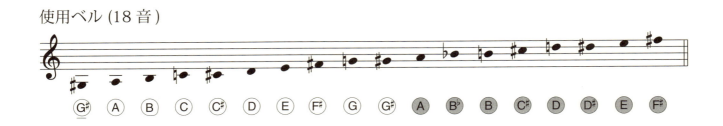

Music by J.Livingston & R.Evans

© 1950 by PARAMOUNT MUSIC CORP.
All rights reserved. Used by permission.
Rights for Japan administered by NICHION, INC.

# Bell Part II

# Silver Bells
シルバーベル

使用ベル (23音)

Music by J.Livingston & R.Evans

© 1950 by PARAMOUNT MUSIC CORP.
All rights reserved. Used by permission.
Rights for Japan administered by NICHION, INC.

# Silver Bells
シルバーベル

1950年代に作られたクリスマスソングです。クリスマスを待ちわびる人達、街の楽しげな様子を歌った曲です。

♪演奏のヒント…
* ピアノの前奏は遠くから聞こえてくる鐘の音のイメージでベルを誘うように…
そしてメロディーに入り、ゆったりした3拍子にのって演奏してください。
* B C の部分のトレモロ奏と1回振りの違いを出されるとよいと思います。
* C で転調しますが、そこでさらに気分を盛り上げて演奏してみてください。

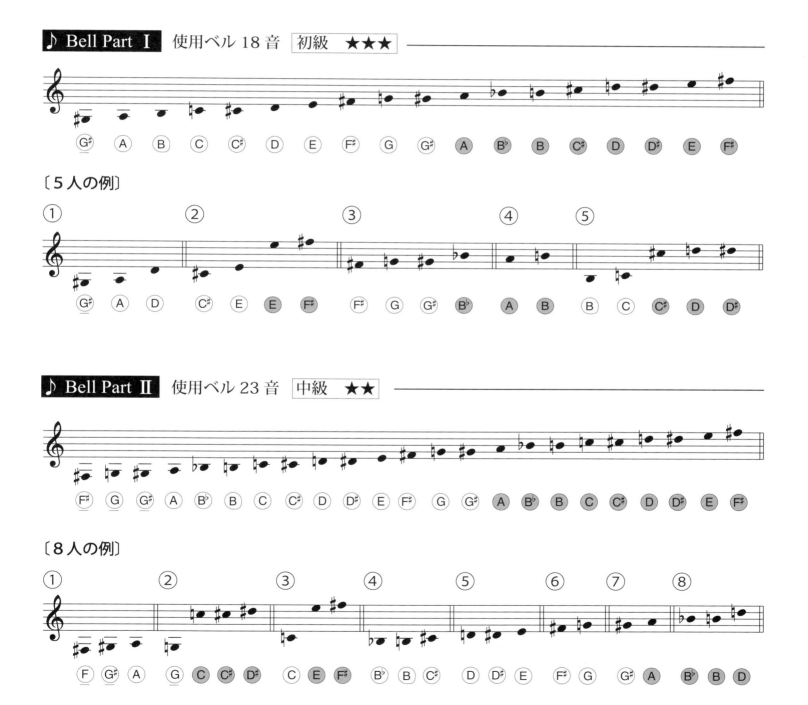

# Bell Part Ⅰ     O Tannenbaum
樅の木

anon

# Bell Part II    O Tannenbaum
樅の木

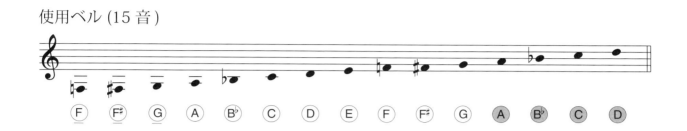

anon

# O Tannenbaum
樅の木

anon

# O Tannenbaum
樅の木

世界各国で歌われているクリスマスキャロルです。
常緑樹である樅の木…厳しい冬も暑い夏も、いつも変わらぬ凛としたその立ち姿に憧れます。

♪演奏のヒント…
* 出だしのアウフタクトを自信を持って演奏してください。
  また D の 𝄐 から最後のフレーズにかけてのタイミングをあわせてください。
* Bell Part Ⅰ・Bell Part Ⅱ、ともにベルのみで演奏されてもよいと思います。歌をはさんでも素敵ですね。

♪ Bell Part Ⅰ 使用ベル 12 音 初級 ★★

〔5人の例〕

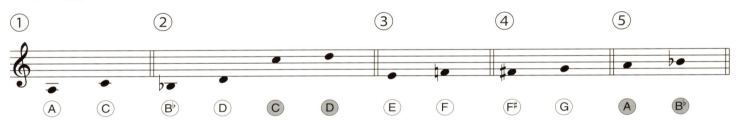

♪ Bell Part Ⅱ 使用ベル 15 音 中級 ★★

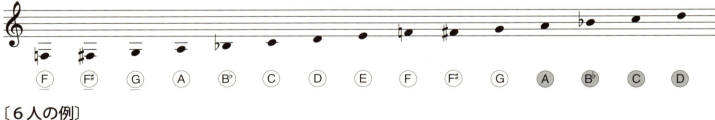

〔6人の例〕

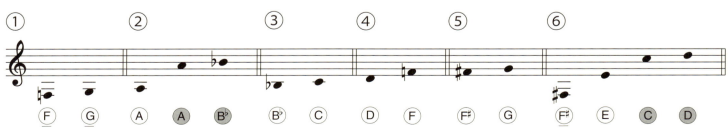

# Bell & Song — Let's Ring Bells!

鐘をならそう

Music by Toru Ishii
石井 亨

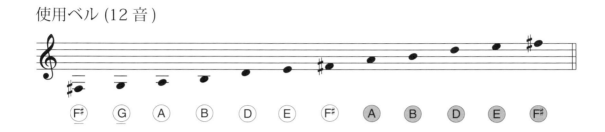

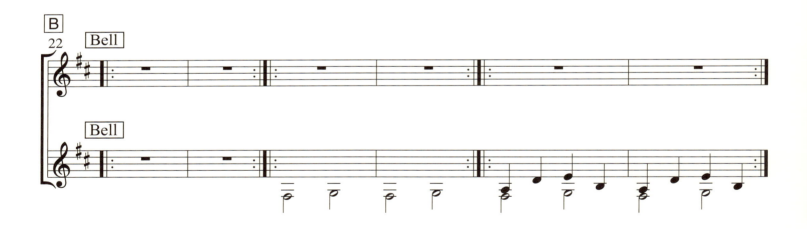

# Let's Ring Bells!

鐘をならそう

とても素敵な歌にベルが重なるなんとも愛らしい曲です。
子供達の生命力あふれる声と、ベルで演奏したら、何かいいことがおこりそうな…
そんな不思議なエネルギーを秘めた曲のような気がします。

**♪演奏のヒント…**　* 歌詞の「ならそうよ！」と「ホラ！」は、よびかけるように歌うとよいと思います。

　* Ｂ のベルがだんだん重なっていく部分は、テンポがくずれないように演奏してください。
　　また、32小節目にむかって *cresc.* して、もりあげて演奏してください。

♪使用ベル12音　初級　★

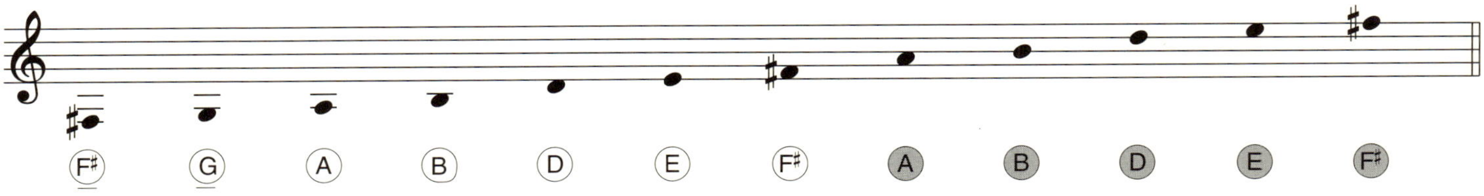

F♯　G　A　B　D　E　F♯　A　B　D　E　F♯

〔6人の例〕

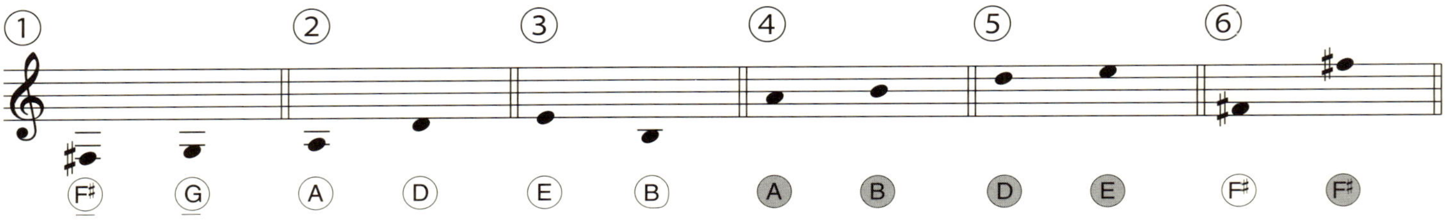

① ② ③ ④ ⑤ ⑥

F♯　G　A　D　E　B　A　B　D　E　F♯　F♯

3歳でデビューのトントゥ…

♪～ならそうよ！かねを～♪キン！コン！～♪

# Bell Part II

# Look Up Stars At Night
見上げてごらん夜の星を

使用ベル (21 音)

Music by Taku Izumi
いずみたく

# Look Up Stars At Night
見上げてごらん夜の星を

Music by Taku Izumi
いずみたく

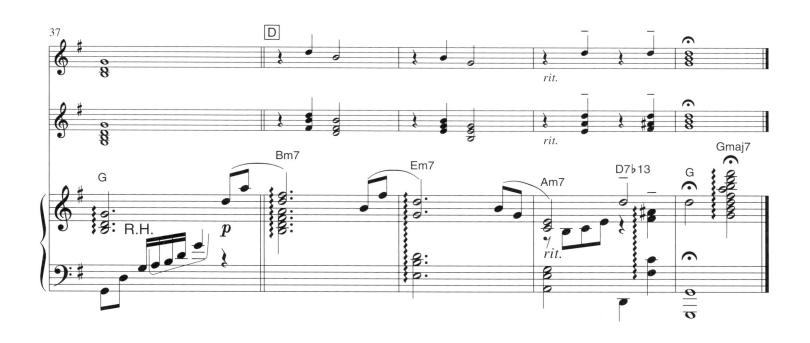

55

# Look Up Stars At Night
見上げてごらん夜の星を

1960年に作曲されて以来、今も歌い継がれている名曲です。
歌詞もとても素敵なので、ベルと歌とコラボしたら演奏に広がりが出ると思います。

♪演奏のヒント…
* 前奏のピアノは遠くの空へ想いを届けるような気持ちで響きをもって弾いてみて下さい。
* Bの部分はベルとピアノが語り合うイメージをもたれると雰囲気が出ます。

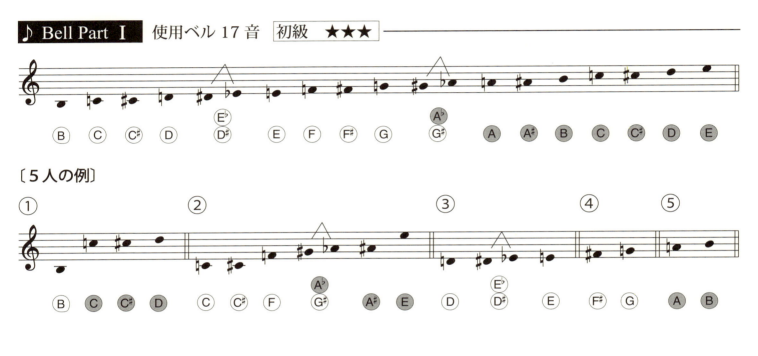

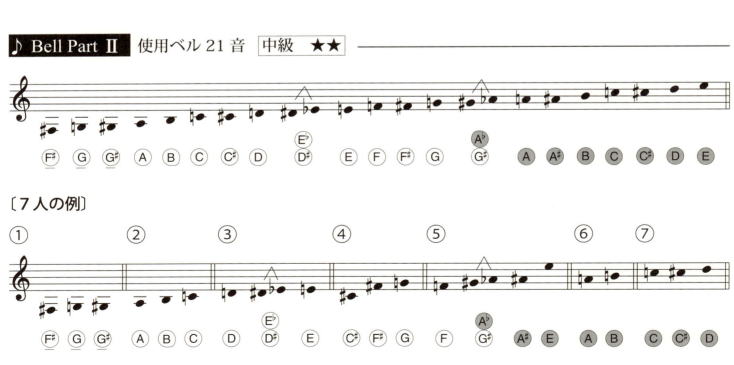

**コラム：〜トントゥのスピリッツ〜**

トントゥの国フィンランドは森と湖の美しい地…

人々は森に入る時にへりくだって入るという…

自然に対する思いや自然への敬意、おそれ…

そして、物、人、に対しても謙虚で…

そういう意識をもつ、ということが

ごく自然に子供達が育っていく過程にそそられていきます。

天・地・水・火・風・の自然界のすべてに

"精霊"が宿っている、と、この国では考えられているのでしょう。

# Celtic Fantasy
ケルトファンタジー

Music by Fumio Yasuda
安田芙充央

# Celtic Fantasy
ケルトファンタジー

作曲家でありピアニストとして、ドイツを拠点に活躍している安田芙充央氏の作品です。もとはフルートとピアノのために書かれた曲です。聞こえてくる新鮮な音の響きひとつひとつに、深くて、とてもあたたかい"祈り"のメッセージを感じる曲に思えてなりません。

♪演奏のヒント…
* まるでベルのために作曲されたかのような美しい旋律がくり返されます。
  A はシンプルに、B は少し動きを持って、そして C をはさんで D は、より旋律を歌いあげる気持ちで、演奏してください。
* ピアノパートがとても重要な役割を持っています。少しむずかしいかもしれませんが、ある時は、背景に…ある時は主役…のように、ベルをよく聞いて、演奏してください。きっと、素敵なアンサンブルになると思います。

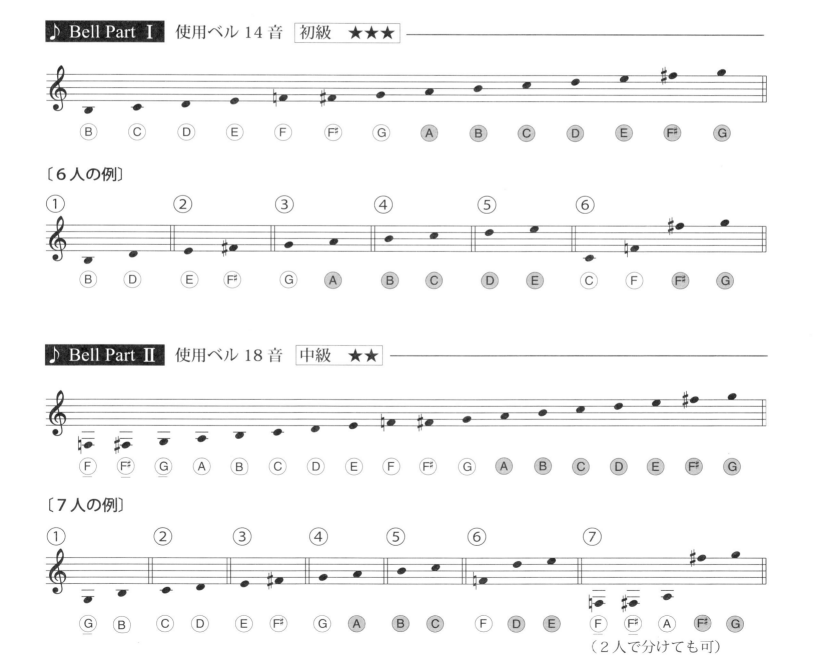

# Finlandia-Hymni

Bell Solo

フィンランディア讃歌

Music by J.Sibelius

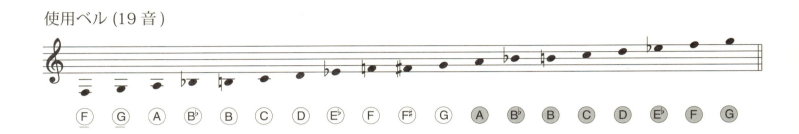
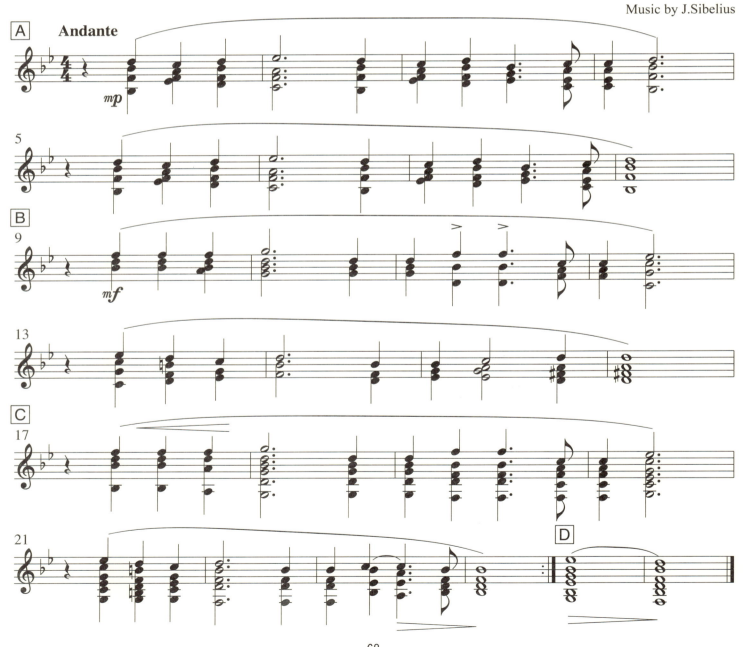

# Finlandia-Hymni
フィンランディア讃歌

トントゥの故郷、北欧フィンランドを代表する作曲家シベリウスの曲です。
交響詩＜フィンランディア＞の中間部の有名な旋律に詩をのせた、フィンランド第2の国歌として愛されている曲です。
このメロディーは讃美歌としても単独で歌われています。

♪演奏のヒント…
* メロディーはなめらかに演奏してください。
  Bから少しずつ盛り上げていき、Cでは音域が広がりますのでさらに気持ちをこめて…
* ベルのみで演奏するアレンジになっていますが、ピアノとのアンサンブルにしたい場合は、ベル譜をそっくり1オクターブ下げてベルにうっすら重ねて演奏してもよいと思います。

使用ベル19音　中級　★

〔7人の例〕

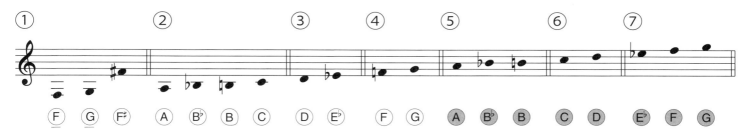

# Music Bells 〔Tone Chimes, English Hand Bells〕

# Bell & Piano Ensemble Selections

## ベルとピアノ・アンサンブル・セレクション

### 森のトントゥ達 / 春・夏 編

Arr.by FUJIE SUGATA
編曲：菅田富士江

## CONTENTS
（目　次）

from 4 Little Dream Songs（「４つの小さな夢の歌」より）......Takashi Yoshimatsu
    **Spring : Dream Song In May**
      春：５月の夢の歌
    **Summer : Crooked Waltz In August**
      夏：８月の歪んだワルツ

**Indian Summer** .................................................................. André Gagnon
    小さい春

**Mansikka** ...................................................................... Finnish Fork Song
    野いちご

**Edelweiss** ........................................................................ Richard Rodgers
    エーデルワイス

**Carillon ～Smile～** ............................................................ Aiko Takizawa
    カリヨン～ほほえみ～

**Over The Rainbow** ............................................................... Harold Arlen
    虹の彼方に

2013年１月発売予定　　商品番号：71361／定価1680円［本体1600円＋税］
JANコード 4532679 713616
ISBN 978-4-88371-629-6 C0073 ¥1600E

## プロフィール

**菅田富士江**（編曲）

上野学園大学音楽学部ピアノ科卒業。林祐子、鈴木美和子、久保春代、舘野泉諸氏に師事。
歌曲伴奏法を本澤尚道氏、作、編曲を安田芙充央氏に師事。
フィンランド・クフモ室内楽音楽祭参加、K・ボギノ、L・ハワードの指導を受ける。
世界的クロマティックハーモニカ奏者・崎元讓氏との共演で全国各地、及び海外で演奏の他
ピアノデュオ、室内楽コンサート、声楽リサイタル、各種コンクールの伴奏、レコーディング、
NHK・FM「名曲リサイタル」出演等、幅広い演奏活動を行っている。
カメラータ・トウキョウ・レーベルよりＣＤをリリース。
2008年：「ロドリーゴ：スペインの小さな田舎町」（ハーモニカ＆ピアノ）
2011年：ハーモニカデュオ名曲集「ニューシネマパラダイス組曲」（ハーモニカデュオ＆ピアノ）
フィンランドで"トントゥ"の存在に出会い、トントゥのスピリッツとベルがむすびついて、
ベルあんさんぶる「森のトントゥ達」を主宰。

**ベルあんさんぶる "森のトントゥ達"**

「X'masに病院へ音楽の贈り物を！」と、小学生を中心に結成し、院内コンサートに出演したのがき
っかけとなり"森のトントゥ達"が誕生。以来、毎年院内コンサートで演奏を続けている。
2005年シベリウス・フェスティバル in JAPAN オープニング・セレモニーで演奏。
ミュージックベルコンテストでは2001年に初参加で小中学校の部・金賞受賞をはじめ、2012年
まで11回の受賞歴を持つ。当初小学生だったメンバーも成人し、現在、新メンバーも加わり
『音！とどけたい！（隊）』活動を各地で始める。年齢は幅広く、6歳～70代まで在籍。
ミュージックベル、トーンチャイム、イングリッシュハンドベルを使用。
2011年、東日本大震災チャリティー「森のトントゥ達／音の玉手箱コンサート」を開催し、好評を
得る。

```
―正誤表―
19頁：24小節目のピアノ譜3拍目…F ♮E ♭E
30頁：26小節、34小節のピアノ譜左手3拍目…♮C
38頁：Bell partⅡのベル振分け表…⑥番の Ⓓ は③番へ。
41頁：40小節目のリピート記号をとる。
45頁：40小節目のリピート記号をとる。
```

## ～付属CDについて～

＊CDはミュージックベル・ゴールド27音使用で≪Bell PartⅡ≫で演奏しています。
（内、「冬:子守唄」「シルバーベル」「樅の木」「鐘を鳴らそう」「ケルトファンタジー」「フィンランディア讃歌」では一部(低音)でエクセレントベルを使用しています。）

＊トラック1～8まではベル＆ピアノで曲順は目次と同じです。

＊トラック9～15は練習に使用出来るように≪Bell PartⅡ≫用のマイナスワンになっています。こちらも曲順は目次と同じです。（「フィンランディア讃歌」はベルのソロですのでマイナスワンは入っていません。「鐘をならそう」は曲の最後にベルアンサンブル部分30小節～32小節を足した演奏で録音しています。）

＊マイナスワンではありますが、わかりやすいようバックに実際のベルの音で小さくガイド音として入っていますので、個人練習も可能です。
また、ベルから始まる曲に関してはカウント音が入っています。
（Bell PartⅠでも使用できますし、メロディーのみの演奏でも使用出来ます。）


ミュージックベル演奏：ベルあんさんぶる"森のトントゥ達"
　　　　　　　　　　（北野雄大、葛西未羽、菊地春菜、滝沢耕平、菊地秋帆、森井一都、
　　　　　　　　　　　岡田典子、北野貴子、滝沢愛子）
ピアノ演奏・編曲：菅田富士江

全日本ミュージックベル連盟　http://www.musicbell.net/

| | |
|---|---|
| 編　曲　　菅田富士江 | ミュージックベル[トーンチャイム、イングリッシュ・ハンドベル] |
| 協　力　　ベルあんさんぶる"森のトントゥ達" | **ベル＆ピアノ・アンサンブル・セレクション** |
| 表紙装幀　竹田幸子 | ≪森のトントゥ達／秋・冬編≫ |
| イラスト　竹田幸子 | 〒130-0025　東京都墨田区千歳 2-9-13 |
| 発 行 者　鈴木廣史 | TEL:03-3846-1051　FAX:03-3846-1391 |
| 発 行 所　株式会社サーベル社 | http://www.saber-inc.co.jp/ |
| 発 行 日　2012年12月5日 | |

JASRAC 出 1214405-201　　この著作物を権利者に無断で複写複製することは、著作権法で禁じられています。
万一、落丁・乱丁の場合は送料小社負担でお取替えいたします。